Los incendios

William B. Rice

Los incendios

Asesor en ciencias

Scot Oschman, Ph.D.

Créditos

Dona Herweck Rice, *Gerente de redacción*; Lee Aucoin, *Directora creativa*; Timothy J. Bradley, *Responsable de ilustraciones*; Conni Medina, M.A.Ed., *Directora editorial*; James Anderson, Katie Das, Torrey Maloof, *Editores asociados*; Rachelle Cracchiolo, M.S.Ed., *Editora comercial*

Teacher Created Materials
5301 Oceanus Drive
Huntington Beach, CA 92649-1030
http://www.tcmpub.com
ISBN 978-1-4333-2158-0

Printed in China
YiCai.032019.CA201901471

Tabla de contenido

El primer fuego

Los antiguos griegos solían contar una historia para explicar cómo la gente obtuvo fuego la primera vez.

Prometeo era un ser poderoso que creó a las personas a partir de agua y tierra. Luego les dio muchos obsequios; les dio sabiduría, fortaleza y todo lo que necesitarían para tener una vida feliz. Pero quería darles algo más.

Zeus era el líder de los dioses. Zeus dominaba el cielo y estaba armado con el rayo. Prometeo robó fuego de uno de los rayos de Zeus para dárselo a las personas. Esto le enojó a Zeus, quien castigó a Prometeo; lo encadenó a una montaña donde un águila se alimentaba de su hígado día tras día. Pero ahora, las personas tenían un regalo de los dioses. Tenían fuego.

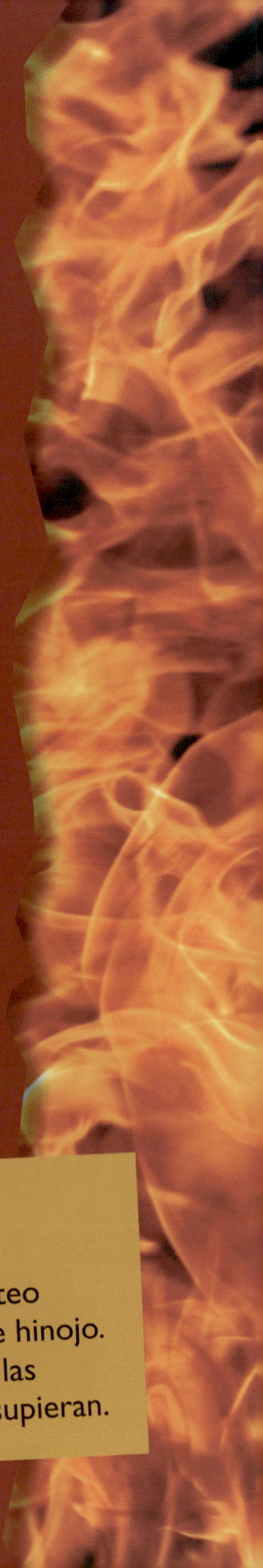

Hinojo

Según cuenta la historia, Prometeo escondió el fuego en un tallo de hinojo. Fue así que pudo llevar fuego a las personas sin que los dioses lo supieran.

Prometeo

¿Qué es el fuego?

El fuego es un estado o proceso en el que se **enciende** (se prende fuego) un combustible, y éste emite luz, calor y llamas. Ésa es la razón por la que el fuego resulta muy útil a las personas; lo pueden utilizar para iluminar y para dar calor. Pero el fuego también puede ser peligroso y hasta mortal.

El fuego necesita de tres cosas para existir. Primero, debe tener **oxígeno**. El oxígeno es el gas que compone alrededor de una quinta parte de nuestro aire.

En segundo lugar, necesita **combustible**. Los combustibles son las sustancias que **arden**. Arder significa prenderse fuego. Muchas cosas pueden ser combustibles. La madera es un combustible muy común para encender fuego; la gasolina es otro. El papel, las telas y diversos gases también pueden ser combustibles.

Lo tercero que necesita el fuego es el **calor**. Tiene que haber suficiente calor para levantar la temperatura del combustible. El combustible se enciende a una temperatura determinada.

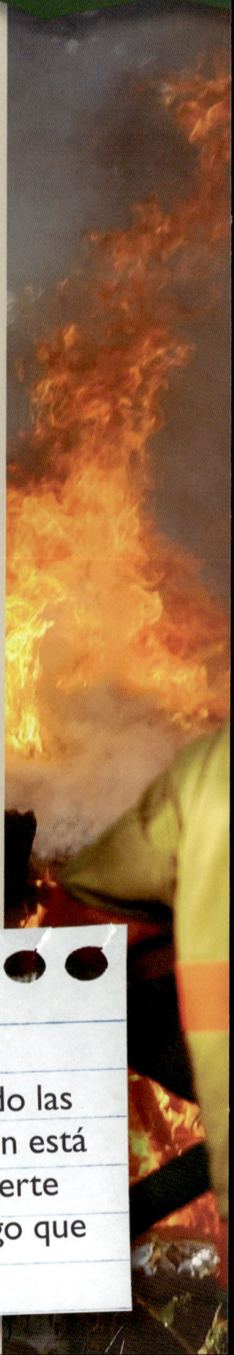

Leña al fuego

"Echar leña al fuego" es una expresión antigua. Cuando las personas emplean este dicho, quieren decir que alguien está haciendo algo para empeorar una situación; que convierte en más problemático un problema al decir o hacer algo que enoja a alguien.

Flogisto

Hace mucho tiempo, se creía que todos los materiales combustibles contenían flogisto. Se creía que era la liberación del flogisto la que causaba el fuego. Hacia finales del siglo XVIII, los científicos descubrieron que esto no era cierto.

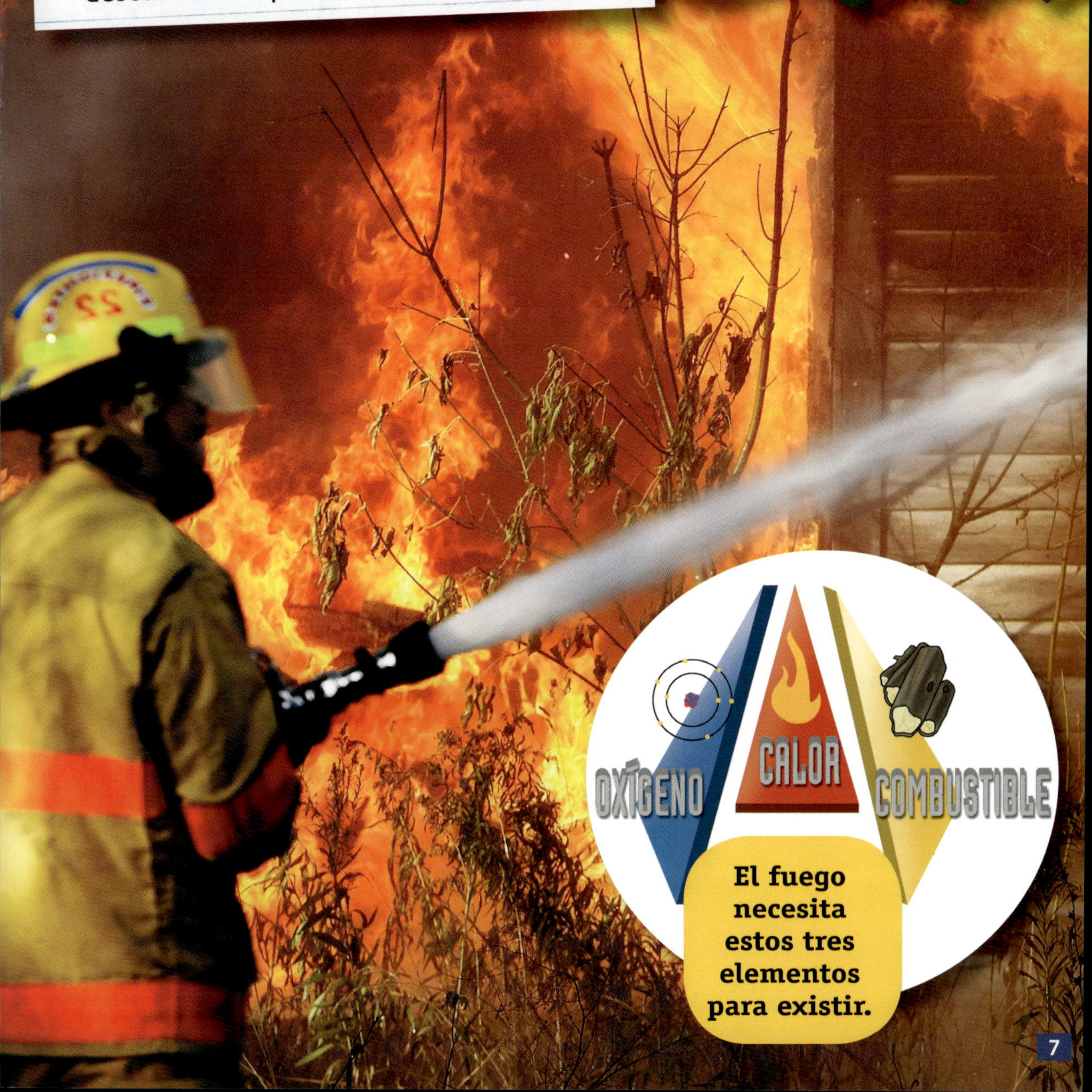

El fuego necesita estos tres elementos para existir.

Al quedar atrapadas en un incendio, las personas deben mantenerse lo más cerca posible del piso y salir. El humo y el calor suben, por lo que, cuanto más abajo, más a salvo.

El calor sube

Dado que el calor sube, un fuego que tiene una temperatura de 40°C (104°F) a nivel del piso, ¡puede llegar a los 320°C (608°F) a la altura de los ojos!

El humo puede ser lo más peligroso de un incendio.

La Administración de incendios de los Estados Unidos describe al fuego de cuatro formas: como algo rápido, caliente, oscuro y mortal.

El fuego es tan rápido que un incendio pequeño puede salirse de control en menos de un minuto. Bastan unos pocos minutos para que toda una casa se llene de humo o arda en llamas. Si una persona queda atrapada en un incendio, debe salir de allí lo más rápido posible.

El fuego es tan caliente que la ropa se puede derretir sobre la piel de una persona. Respirar el aire caliente puede quemar los pulmones, y el calor incluso puede hacer que una habitación se prenda fuego.

El fuego emite luz, pero rápidamente puede oscurecer una habitación. Esto se debe a que produce un humo negro y espeso. Puede ser imposible ver en medio de un incendio.

Por supuesto, el fuego puede ser mortal. Aun cuando las llamas de un incendio no quemen a una persona, el humo y los gases del fuego pueden matarla. Además, el fuego consume el oxígeno en la habitación. Las personas necesitamos oxígeno para respirar. La falta de oxígeno puede volvernos soñolientos. En estas condiciones, las personas pueden ser incapaces de despertarse cuando hay fuego cerca.

Tormenta ígnea

Se denomina **tormenta ígnea** al fenómeno por el cual toda una región arde rápidamente debido a las altas temperaturas.

Reacción química

Los antiguos griegos creían que había cuatro elementos principales. Éstos eran la tierra, el agua, el aire y el fuego. Pero estaban equivocados. En realidad, el fuego no es igual a los otros tres elementos. La tierra, el agua y el aire son formas de la **materia.** La materia es aquella de lo que se componen todos los elementos. Pero el fuego no es una materia; el fuego es señal de que la materia está cambiando de estado. Forma parte de una **reacción química.**

Las distintas **sustancias** que componen la materia pueden reaccionar unas ante otras. A veces sucede que las sustancias cambian. Ésa es una reacción química. En ella, puede crearse una nueva sustancia. Por ejemplo, el hierro y el oxígeno reaccionan para formar óxido. Un combustible, oxígeno y una fuente de calor forman fuego.

Para tener lugar, la reacción química que da origen al fuego requiere combustible, oxígeno y una fuente de calor.

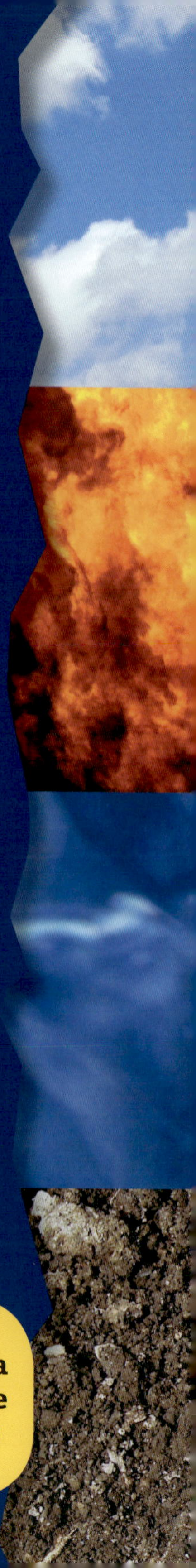

¿Cambio físico o reacción química?

Una sustancia puede cambiar de estado, pero eso no significa que haya una reacción química. Por ejemplo, el agua puede congelarse y convertirse en hielo. Éste es sólo un cambio físico. Puede calentarse y convertirse en vapor. Éste también es un cambio físico. Pero si el agua se descompone en los dos gases que la forman (hidrógeno y oxígeno), eso es signo de una reacción química.

El fuego no es como el aire, el agua y la tierra. En realidad es señal de una reacción química.

aire

fuego

agua

tierra

Colores

El fuego puede arder de diferentes colores. Los fuegos de menor temperatura son de color rojo; los más calientes son púrpuras. Sin embargo, no es sencillo ver los colores de los fuegos más calientes. A nuestros ojos, por lo general, se ven blancos.

Después de un incendio, podemos ver los efectos del fuego. Los objetos están quemados. Pero, ¿son realmente los objetos propiamente dichos los que se queman? En realidad, no. Lo que se quema son los gases que los objetos emiten.

El calor eleva la temperatura. El objeto quemado emite gases **inflamables.** Inflamable significa "que se prende fuego con facilidad". Cuando tiene el calor suficiente, el objeto se enciende. Hay fuego. El fuego genera más calor y puede mantenerse con vida en tanto haya combustible (gas) y oxígeno.

Entonces tiene lugar una reacción química. El objeto se transforma. Cuando el combustible (gas) se consume por completo, el objeto queda convertido en cenizas u otras partículas.

Puedes ver los efectos de las reacciones químicas una vez que el fuego ya se haya apagado.

Echa un vistazo

Si miras de cerca la llama de una vela, verás que la mecha en realidad no arde. En el sector que toca la mecha no hay llama. Los gases cercanos a la mecha son demasiado densos y no permiten que ingrese suficiente oxígeno para arder. Un poco más lejos hay gases (combustible) y oxígeno, así como el calor. Allí es donde se encuentra el fuego.

La importancia del fuego en la naturaleza

Algunas personas tienen miedo al fuego. Quieren mantenerse a salvo. Pero el fuego es una parte importante de la naturaleza.

Muchos ecosistemas dependen del fuego. El fuego elimina la vegetación muerta y despeja la sombra del dosel de los bosques. Esto permite que crezcan plantas en el suelo del bosque. El fuego acaba con plantas enfermas y demasiado crecidas para que pueda extenderse otra clase de vegetación. Nuevas variedades de plantas pueden echar raíces. Así comienza su regeneración.

Hace mucho tiempo, las personas permitían que el fuego siguiera su curso. Sabían que el fuego natural era bueno para las plantas y la tierra. También aprendieron a usar el fuego de manera que les fuera útil a sus necesidades. Lo usaban para limpiar el terreno y mantener abiertos los caminos; lo usaban para incrementar el crecimiento de los frutales al aportar nutrientes a la tierra; lo usaban para mantener a las presas dentro de la zona de caza.

El fuego no es para todos

Algunos **ecosistemas** no dependen del fuego. Uno de estos es el desierto. Un incendio en el desierto debería apagarse rápido.

Incendios forestales

Un **incendio forestal** es un incendio no planificado y no deseado en la naturaleza que causa muchísimo daño. A veces, es la propia naturaleza la que lo inicia. Pero en nueve de cada diez veces, se origina debido a descuidos humanos.

Existen muchos ecosistemas que no podrían sobrevivir sin los fuegos naturales.

El fuego permite que crezca nueva vegetación.

A veces, las personas también producían algunos incendios para evitar que los fuegos naturales causaran tantos daños. De ese modo, la naturaleza tendría menos que limpiar. Las personas y la naturaleza trabajaban juntas.

Pero más adelante, la gente ya no quiso que el fuego se metiera en su camino. No conocía cuál era su importancia para la naturaleza. Sólo veían que arruinaba sus casas y cultivos. Entonces, comenzaron a trabajar para detener cada incendio que iniciaba la naturaleza.

Sin embargo, la población creció, al igual que la cantidad de incendios. Las personas no podían luchar contra la naturaleza. A finales del siglo XIX, hubo enormes incendios que no pudieron manejar. El fuego arrasó más de un millón de acres, y murieron miles de personas.

En 1988, más de 230 incendios forestales golpearon el Parque nacional Yellowstone y sus alrededores. Inicialmente, se intentó detener muchos de los incendios que ardían allí, pero éstos eran más de lo que las personas podían controlar. Vieron entonces que debían trabajar en conjunto con la naturaleza y que debían permitir cierto grado de incendio.

Los nativos americanos de hace mucho tiempo atrás conocían la importancia del fuego.

¿Por qué hay tantos incendios en la actualidad?

En los últimos años se quemaron grandes extensiones de tierra. Estos fuegos sucedieron por distintos motivos. En primer lugar, hubo un momento en el que se intentó detener todos los fuegos naturales. Esto permitió que la vegetación creciera demasiado y que se acumularan grandes cantidades de plantas secas. En segundo lugar, existía un clima seco y caluroso. Tercero, los patrones climáticos cambiaron. Por último, cada vez más personas empezaron a vivir cerca de zonas silvestres, y la gente puede ser la mayor amenaza para la naturaleza.

Los incendios de Yellowstone quemaron más de un millón de acres. En ellos murieron cientos de animales y dos personas. Los incendios ardieron durante varias semanas, hasta que comenzó a nevar.

Para hacer este cortafuego en California, se removieron árboles, broza y césped.

En la actualidad, los incendios se controlan por medio de la **ecología del fuego**. Ésta consiste en el estudio de cómo actúa el fuego y qué efectos tiene en cuanto a la naturaleza. Los científicos saben que algunas regiones dependen del fuego. Por eso, trabajan junto con la naturaleza para mantener un equilibrio.

Una **quema prescrita o controlada** es un incendio que los **bomberos** inician a propósito. El objetivo es volver a llevar fuego a una región que depende de él. Es posible que, en un momento dado se hayan impedido los incendios en esa región, pero ésta necesita del fuego. Los bomberos controlan este tipo de fuego e impiden que queme aquello que no debe quemarse.

También eligen dejar arder algunos fuegos naturales. Al mismo tiempo, hacen todo lo posible para mantener a salvo a las personas. También protegen las propiedades. Pero saben que algunos incendios son buenos; éstos deben arder para ayudar a mantener la salud de la naturaleza.

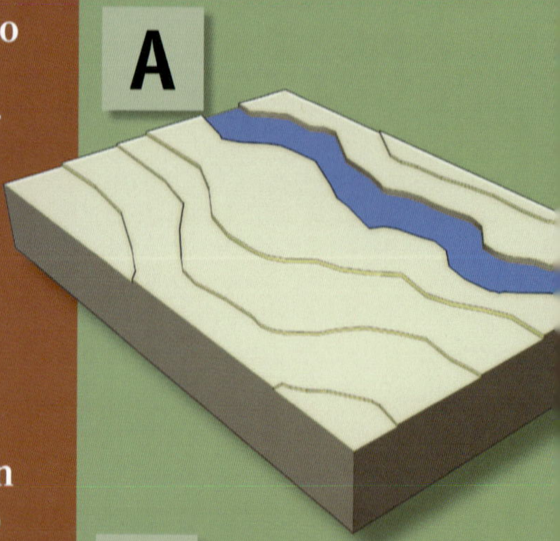

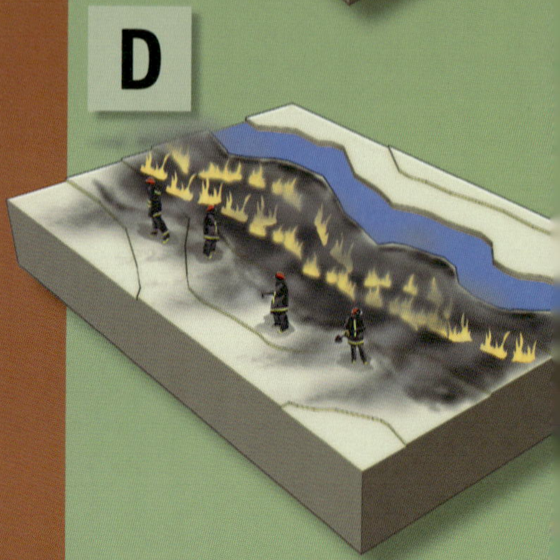

Los bomberos

Muchas personas dicen que los bomberos son héroes. Trabajan duro y arriesgan sus vidas para luchar contra los incendios y controlarlos. Pero los **bomberos** no toman riesgos insensatos. Aprenden todo lo posible sobre el fuego para saber qué es lo que deben hacer. Visten equipos de seguridad, trabajan en equipo para protegerse mutuamente y tratan el fuego con respeto.

Cómo se hace una quema prescrita

B

C

E

A. Se utiliza un cortafuego natural, como por ejemplo un volumen de agua.

B. Se crea una línea negra al encender un fuego en la dirección del viento a partir del cortafuego natural.

C. Se inician fuegos a favor del viento para crear un contrafuego.

D. El contrafuego se encuentra con la línea negra.

E. Se crea una línea de defensa para mantener el fuego bajo control.

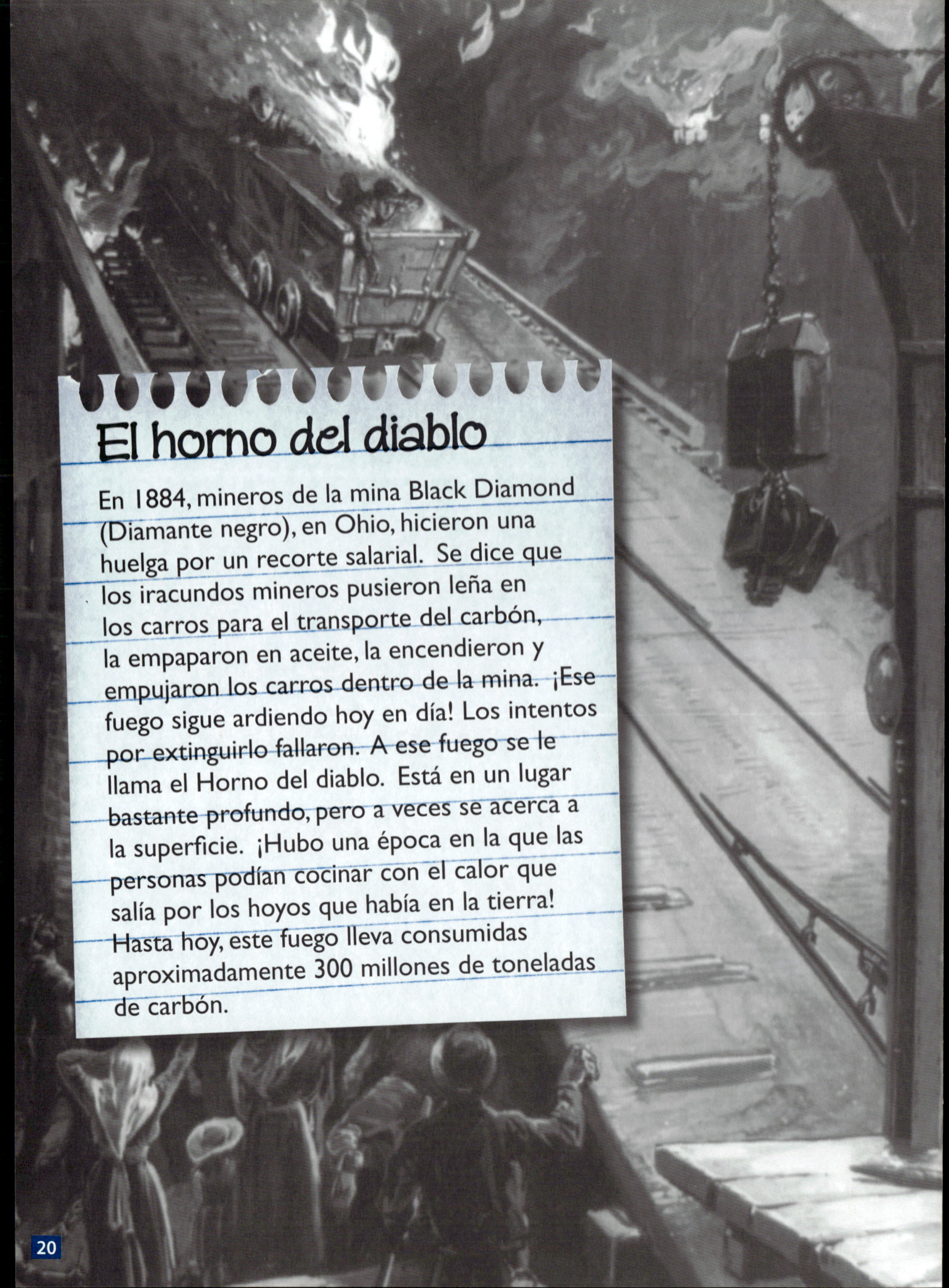

El horno del diablo

En 1884, mineros de la mina Black Diamond (Diamante negro), en Ohio, hicieron una huelga por un recorte salarial. Se dice que los iracundos mineros pusieron leña en los carros para el transporte del carbón, la empaparon en aceite, la encendieron y empujaron los carros dentro de la mina. ¡Ese fuego sigue ardiendo hoy en día! Los intentos por extinguirlo fallaron. A ese fuego se le llama el Horno del diablo. Está en un lugar bastante profundo, pero a veces se acerca a la superficie. ¡Hubo una época en la que las personas podían cocinar con el calor que salía por los hoyos que había en la tierra! Hasta hoy, este fuego lleva consumidas aproximadamente 300 millones de toneladas de carbón.

Los efectos del fuego sobre la tierra

Es fácil ver los efectos del fuego sobre la superficie de la tierra. Los árboles y los arbustos se queman. A veces, los edificios también quedan destruídos. Pero la tierra propiamente dicha también se ve afectada, y esto puede ocasionar problemas en el futuro.

En la naturaleza, el fuego puede arder en tres niveles. El fuego de las copas avanza por las copas de los árboles y la parte superior de las plantas. El fuego de la superficie quema las plantas que se encuentran a nivel del suelo y elimina la broza seca. El fuego del subsuelo arde en un suelo que es rico en vida vegetal. Los incendios forestales pueden arder a uno, a dos o a los tres niveles. Cada uno de estos niveles tiene un efecto diferente sobre lo que sucede después.

fuego de copas

fuego de superficie

fuego de subsuelo

Los fuegos de copas queman la flora que se encuentra elevada. Esto permite que la luz del sol llegue a las plantas que la necesitan. Incluso favorece a las plantas más altas al permitir que la luz solar llegue a sus plántulas.

Los fuegos de la superficie queman vegetación viva y seca. Algunas de estas plantas se extinguen, pero otras son capaces de proteger sus semillas y pueden volver a brotar. Algunas plantas quemadas tienen la capacidad de regenerarse. Ciertas plantas incluso necesitan del fuego para sobrevivir. Por ejemplo, las semillas de algunas plantas con hojas recubiertas de aceite germinan por medio del calor del fuego. Las nuevas plantas pueden apoderarse de zonas donde el fuego ha consumido otras plantas.

Existen algunos árboles altos que resisten el fuego. Esto se debe a que las partes que pueden quemarse se encuentran muy por encima del nivel del fuego. Uno de estos árboles es el pino ponderosa; a medida que crece, pierde sus ramas más bajas. A menudo, este árbol sobrevive los fuegos naturales moderados.

Las semillas de algunas plantas comienzan a brotar debido al humo y el fuego. Por ejemplo, los conos del pino de San Pedro Mártir están cubiertos con una resina. El fuego derrite la resina, lo que permite que se liberen las semillas.

Supervivencia animal

Para sobrevivir, los animales deben escapar del fuego. La mayoría de los mamíferos y las aves pueden huir. Por lo general, las aves son las primeras en regresar después de un incendio. Los anfibios pueden permanecer a salvo en el agua o en el barro húmedo. Los reptiles suelen esconderse en madrigueras durante los incendios. Los insectos y las arañas pueden encontrar refugio, pero a veces se sienten atraídos por el calor y mueren. Los microbios pueden sobrevivir debajo del suelo en lugares profundos. Después de un incendio, puede haber más microbios que antes. Esto se debe a que el fuego puede producir los nutrientes ricos de los que les gusta alimentarse.

Después del fuego, la luz del sol puede llegar a esta plántula de conífera.

La pérdida de plantas durante un fuego de subsuelo tiene un efecto directo sobre la tierra; el sol calienta el suelo con mayor facilidad ya que hay menos sombra para protegerlo. Esto produce un cambio en cuanto al tipo de plantas que podrán vivir allí.

Además, cuando llueve, se filtra más agua en el suelo. Esto se debe a que hay menos plantas que absorben el agua. Las plantas también ayudan a que el agua penetre en la tierra más lentamente. Por otra parte, hay menos plantas que ayudan a mantener la tierra en su lugar. Por este motivo, después de un incendio la **erosión** ocurre con mayor facilidad.

Uno de los mayores peligros después de un incendio son los **aludes** que a menudo los suceden. Imagina una ladera en la que hubo fuego. La colina perdió toda su flora, y no hay nada que mantenga el suelo en su lugar. Tampoco hay nada que impida que toda la lluvia fuerte se absorba en la tierra. Tras una lluvia, una parte de esa ladera podría desprenderse fácilmente. Incluso podrían transformarse pequeñas áreas de la colina con la llegada de lluvias y vientos. Las plantas ayudan a evitar la erosión, mientras que el fuego hace que ésta sea más probable.

¡No, gracias!

A veces, después de un incendio, el suelo no permite la penetración de agua. Esto se debe a que las altas temperaturas del fuego afectan el suelo y hacen que éste **repela** el agua en lugar de recibirla.

Después de un incendio forestal, una consecuencia común de las lluvias fuertes son los aludes y aluviones. Las líneas de puntos rojos de la foto muestran el recorrido de un alud después de un incendio forestal en Colorado.

Seguridad en caso de incendio

Si quedas en medio de un incendio, lo primero que debes hacer es salir de allí. Luego, busca ayuda. Tu familia siempre debe tener un plan para salir de la casa en caso de incendio. Queden en un área en donde se encontrarán fácilmente una vez afuera. Además, asegúrense de tener en la casa alarmas contra incendio que funcionen. Como dice Smokey, "¡siempre ten cuidado!"

Cambia las pilas de tus alarmas contra incendio al menos una vez al año.

¡Siempre ten cuidado!

El oso Smokey es un personaje que fue creado en 1944 con el objetivo de contarles a las personas sobre los peligros de los incendios forestales. Este oso nos enseña cómo mantenernos a salvo y evitar que se inicien incendios.

En la actualidad sabemos que ciertos fuegos son necesarios. No debemos apagar todos los fuegos, pero, al mismo tiempo, tampoco debemos iniciarlos. No juegues con fósforos. No dejes fogatas encendidas. Si eres inteligente, te mantendrás a salvo. Sigue la regla de oro de Smokey: Siempre ten cuidado. Deja que la naturaleza—y los bomberos—se ocupen del resto.

La campaña de servicio público de mayor duración en los Estados Unidos es la del oso Smokey.

Laboratorio: Erosionemos la tierra

Después de que el fuego o las inundaciones arrasan un área, puede haber erosión. Esta actividad de laboratorio te ayudará a ver lo que sucede.

Materiales

- tierra seca y suelta
- estopilla
- botella con atomizador con agua o manguera con rociador y una fuente de agua
- cámara digital (opcional)

Procedimiento:

1. Con tierra suelta y seca, forma una pequeña colina empinada de unos 60 centímetros (2 pies) de largo.
2. Si tienes una cámara digital, toma una fotografía de la colina. Esto te ayudará con tu observación.
3. Cubre la colina completamente con la estopilla.
4. Si tienes cámara digital, toma otra fotografía de la colina.

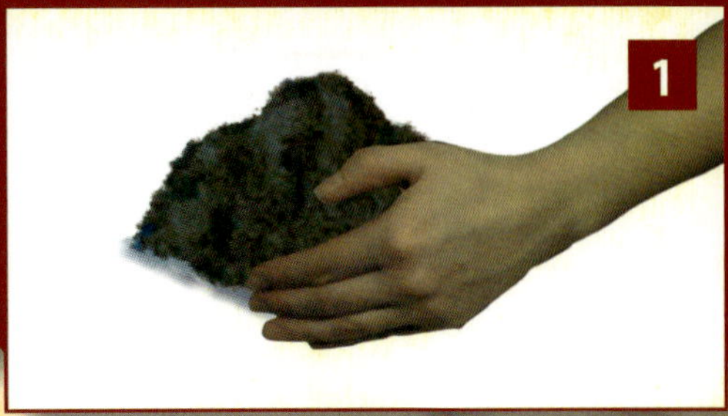

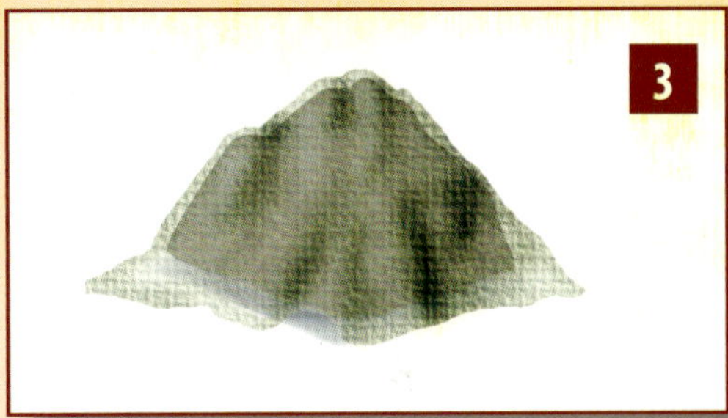

5. Con un atomizador o un rociador conectado a una manguera, aplica agua a la colina cubierta con la tela por un tiempo breve y observa qué sucede. Toma fotografías durante y después de la aplicación. ¿Pierde forma la colina? ¿Qué sucede con la tierra? ¿Todo se moja pero se queda en su lugar?

6. Remueve la estopilla. Esto es similar a lo que sucede cuando una colina o una ladera se queda sin vegetación. Toma otra fotografía.

7. Con un atomizador o un rociador conectado a una manguera, aplica agua a la colina nuevamente por un tiempo breve y observa qué sucede. Toma fotografías durante y después de la aplicación. ¿Qué le sucede a la tierra? ¿Qué sucede con la colina? ¿Queda todo en su lugar?

8. ¿Cuáles son las conclusiones que sacaste sobre la base de tu experimento?

Glosario

aludes—desprendimiento descendiente de tierras, rocas y escombros por una ladera

arden—se encienden y se queman

bomberos—trabajadores cuyo empleo consiste en controlar y extinguir incendios en la naturaleza y en los edificios

calor—temperatura alta

combustible—sustancia que puede encenderse y quemarse

ecología del fuego—estudio de lo que hace el fuego y de sus efectos sobre el medio ambiente

ecosistema—área en la naturaleza conformada por las relaciones entre todas las plantas y animales que viven allí y la tierra en la que viven

enciende—prende fuego

erosión—desgaste de la tierra y la roca debido a la acción del viento y el agua

incendio forestal—fuego dañino y no planificado en la naturaleza

inflamable—que se prende fuego fácilmente

materia—sustancia que compone todos los objetos físicos, a los que suele definirse como todo aquello que tiene masa y ocupa espacio

oxígeno—gas natural que compone gran parte de la atmósfera terrestre

quema prescrita o controlada—fuego que los bomberos encienden a propósito para eliminar broza y ayudar a la tierra, al tiempo que se aseguran de que no se salga de control

reacción química—cuando las sustancias que componen la materia (moléculas) reaccionan entre sí y sucede algo

repele—resiste o rechaza

sustancia—aquello que compone las cosas

tormenta ígnea—combustión de toda un área rápidamente debido a las altas temperaturas

Índice

Científicos de ayer y de hoy

Wladimir Köppen
(1846–1940)

Wladimir Köppen se crió en Rusia. Estudió botánica, climatología y meteorología. Siendo adulto, realizó muchos viajes y notó que los lugares que visitaba tenían tipos de plantas muy diferentes. Estas diferencias despertaron su curiosidad. Entonces, estudió las diferencias y descubrió que la temperatura tenía importantes efectos sobre las plantas. Desarrolló el sistema de clasificación climática de Köppen. En la actualidad, los científicos siguen utilizando este sistema.

Jagdish Shukla
(1944–)

Jagdish Shukla nació en un pequeño pueblo de India. Quería estudiar ciencia en la escuela, pero su escuela no enseñaba esa materia. Su padre consiguió libros de ciencia para su hijo, y Shukla aprendió solo. En la actualidad es profesor de ciencia y hace investigaciones en cuestiones climáticas y meteorológicas. Jagdish Shukla ayudó a las personas a comprender mejor los climas y la meteorología del mundo. Recibió muchos premios importantes por su trabajo.

Créditos de las imágenes

Portada: Roger Rosentreter/Shutterstock; p.1: Roger Rosentreter/Shutterstock; p.4: Norma Cornes/Shutterstock; p.4-5: 2happy/Shutterstock; p.5: Jan Cossiers/Getty Images; p.6-7: Ronald Caswell/Shutterstock; p.7: Tim Bradley; p.8: Richard T. Nowitz/CORBIS; p.8-9: Patricia Marks/Shutterstock; p.9: Mike Dobel/Alamy; p.10: Tim Bradley; p.10-11: (aire) Smit/Shutterstock; p.10-11: (fuego) JustASC/Shutterstock; p.10-11: (agua) BelleMedia/Shutterstock; p.10-11: (tierra) fotoar/Shutterstock; p.12-13: Newscom; p.13: s_oleg/Shutterstock; p.14-15: David R. Frazier/Photo Researchers, Inc; p.15: Mike Norton/Shutterstock; p.16: MPI/Getty Images; p.16-17: Peter Arnold, Inc./Alamy; p.18-19: Alice Day/Shutterstock; p.18-19: (abajo) Tim Bradley; p.20: Biblioteca del Congreso; p.21: (arriba) Arnold John Labrentz/Shutterstock; p.21: (centro) Mark Atkins/Shutterstock; p.21: (abajo) Phase4Photography/Shutterstock; p.22: Brian Erickson/Shutterstock; p.22-23: (abajo) ©2009 Jupiterimages Corporation; p.23: Nature Picture Library/Alamy; p.24-25: USDA; p.26-27: 2happy/Shutterstock; p.26: Pelham James Mitchinson/Shutterstock; p.27: USDA Forest Service/Time Life Pictures/Getty Images; p.28-29: Tim Bradley; p.32: (izquierda) Rick Reason; p.32: (derecha) Evan Cantwell, Universidad George Mason.